Prénom ------------

Sommaire

1- Je multiplie par 6
- Coloriages magiques
- Mots croisés
- Labyrinthes
- Trouve la bonne réponse
- Mots mêlés

2- Je multiplie par 7
- Coloriages magiques
- Mots croisés
- Labyrinthes
- Trouve la bonne réponse
- Mots mêlés

3- Je multiplie par 8
- Coloriages magiques
- Mots croisés
- Labyrinthes
- Trouve la bonne réponse
- Mots mêlés

4- Je multiplie par 9
- Coloriages magiques
- Mots croisés
- Labyrinthes
- Trouve la bonne réponse
- Mots mêlés

5- Je multiplie par 6, 7, 8, 9
- Coloriages magiques
- Mots croisés
- Labyrinthes
- Trouve la bonne réponse
- Mots mêlés

7- Révision: tables de 2 à 9
- Coloriages magiques
- Mots croisés
- Trouve la bonne réponse
- Mots mêlés

8- Solutions

1- Je multiplie par 6

Je colorie selon le code couleur en résolvant les opérations.

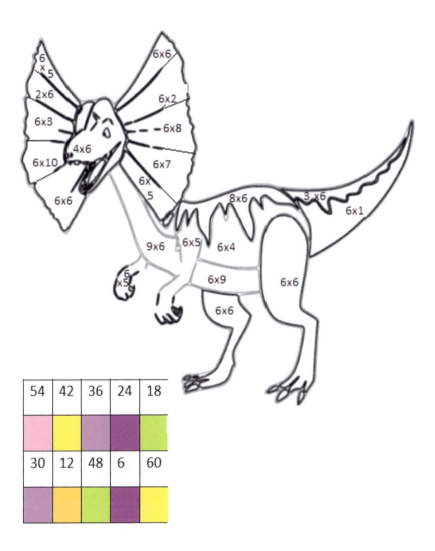

Tu le connais ? 🤔

Il s'agit d'un D_ _ _ _ _ _ _ _ _ _ _ _

1- Je multiplie par 6

Mots croisés : je résous les opérations et j'écris les résultats en lettres.

 Ne pas écrire le tiret des nombres en lettre dans le tableau.

HORIZONTAL
1. 6 x 7
2. 6 x 3
3. 6 x 10

VERTICAL
1. 6 x 6
2. 6 x 5
3. 6 x 8
4. 6 x 4
5. 6 x 2
6. 6 x 0
7. 6 x 1

1- Je multiplie par 6

Aide Teddy le dinosaure à retrouver ses amis. Des indices sont parsemés sur le bon chemin. Suis les! 😊

⚠️ Les indices sont les résultats de la multiplication par 6.

1- Je multiplie par 6

Je colorie selon le code couleur en résolvant les opérations.

| 30 | 12 | 48 | 6 | 60 |

| 54 | 42 | 36 | 24 | 18 |

1- Je multiplie par 6

Je fais correspondre le nombre à la bonne opération.

6	6 X 0
0	6 X 2
12	6 X 1
18	6 X 10
24	6 X 6
30	6 X 4
36	6 X 5
42	6 X 8
48	6 X 3
54	6 X 9
60	6 X 7

1- Je multiplie par 6

Je trouve la bonne réponse, puis je colorie le dinosaure.

6 X 1	36
6 X 0	54
6 X 2	30
6 X 3	18
6 X 4	60
6 X 5	48
6 X 6	0
6 X 7	42
6 X 8	12
6 X 9	24
6 X 10	6

1- Je multiplie par 6

Mots mêlés : je retrouve les nombres dans le tableau sans tenir compte du tiret entre certains nombres.

N	W	K	X	U	D	D	C	W	R	G	M	W	W	G
L	E	H	H	V	C	B	C	J	G	Y	R	D	C	R
S	V	I	N	G	T	Q	U	A	T	R	E	E	A	G
W	E	D	C	X	E	T	N	E	R	T	A	T	H	O
W	T	E	K	W	G	F	X	I	S	S	I	R	P	E
W	P	K	N	K	C	O	N	O	H	U	D	G	R	E
N	L	Q	Z	E	Y	F	S	X	H	Z	S	T	T	P
S	Q	O	E	B	X	N	L	X	S	B	A	Z	V	X
R	U	Q	R	E	F	C	I	J	A	U	I	P	J	X
J	A	L	O	F	Z	D	V	Q	Q	M	O	J	D	J
S	R	M	S	Y	N	B	N	E	S	D	V	S	A	P
R	A	L	J	O	A	X	T	Y	Q	L	O	Q	W	D
W	N	K	A	J	I	N	T	P	O	H	F	U	J	G
J	T	T	W	A	A	X	I	C	A	L	O	L	Z	B
O	E	D	L	U	V	Q	A	L	M	K	F	A	H	E
I	H	K	Q	K	D	M	K	N	C	K	B	A	M	S
Y	U	N	K	B	C	P	E	V	T	J	I	P	H	T
Y	I	K	I	A	S	Q	X	G	Z	E	W	W	Z	E
C	T	V	T	R	E	N	T	E	S	I	X	E	X	Y
X	U	E	D	E	T	N	A	R	A	U	Q	P	V	H

CINQUANTE-QUATRE SOIXANTE
DIX-HUIT TRENTE
DOUZE TRENTE-SIX
QUARANTE-DEUX VINGT-QUATRE
QUARANTE-HUIT ZERO
SIX

1- Je multiplie par 6

Téddy le dinosaure est prêt. Aide-le à retrouver le cirque. Des indices sont parsemés sur le bon chemin. Suis les! 😊

⚠️ Les indices sont les résultats de la multiplication par 6.

1- Je multiplie par 6

Mots mêlés : je résous les opérations et je retrouve les résultats dans le tableau. Ne pas tenir compte du tiret entre certains nombres.

C	I	N	Q	U	A	N	T	E	Q	U	A	T	R	E
Y	A	Q	L	R	S	N	Y	C	Z	M	I	V	N	W
R	A	O	X	G	C	Y	N	J	G	E	D	D	Q	Z
Z	G	T	R	D	D	H	Z	F	T	O	D	Y	W	H
H	S	Z	P	E	I	U	C	N	U	M	K	R	M	Q
Z	M	E	Q	Z	Z	X	E	J	D	V	L	P	U	U
Z	T	M	T	Q	P	R	H	V	R	S	H	A	J	R
D	B	I	A	R	T	R	L	U	O	B	R	L	E	N
A	O	T	U	I	E	K	Y	I	I	A	O	N	E	G
A	A	U	N	H	B	N	X	J	N	T	W	L	Q	E
A	X	E	Z	N	E	A	T	T	A	T	A	T	G	R
L	M	O	F	E	N	T	E	E	H	E	Q	F	L	T
V	K	C	A	T	F	D	N	D	S	Q	V	O	K	A
J	T	N	E	V	E	E	U	A	I	I	H	X	V	U
I	D	D	Y	U	N	D	J	S	R	I	X	S	M	Q
G	B	W	X	E	O	P	S	Y	Y	A	Y	O	L	T
D	S	R	G	N	V	I	Y	I	L	F	U	I	Q	G
L	R	L	U	R	X	U	L	X	E	T	G	Q	I	N
C	C	Z	S	P	G	B	F	I	W	I	N	B	X	I
U	Z	J	D	K	I	C	M	J	E	T	A	I	H	V

6X10= ---   6X8= ---   6X9= ---
6X1= ---   6X0= ---
6X2= ---   6X3= ---
6X4= ---   6X5= ---.
6X6= ---   6X7= ---

2- Je multiplie par 7

Je colorie selon le code couleur en résolvant les opérations.

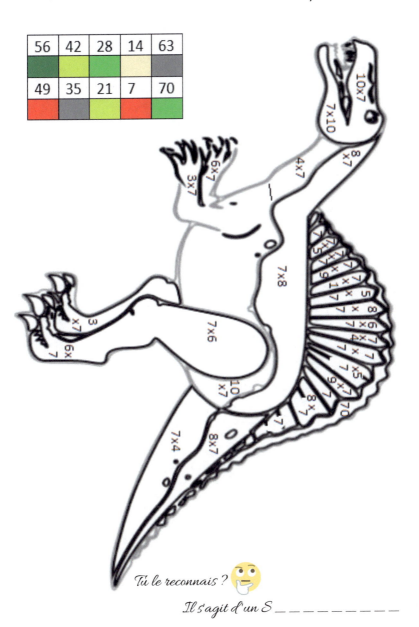

Tu le reconnais ?

Il s'agit d'un S _ _ _ _ _ _ _ _ _ _

2- Je multiplie par 7

Mots croisés : je résous les opérations et j'écris les résultats en lettres.

 Ne pas écrire le tiret des nombres en lettre dans le tableau.

HORIZONTAL
1. 7X1
2. 7X3
3. 7X6
4. 7X0
5. 7X10

VERTICAL
1. 7X5
2. 7X7
3. 7X4
4. 7X8
5. 7X2

2 - Je multiplie par 7

Aide le ptérodactyle à rejoindre son petit. Des indices sont parsemés sur le bon chemin. Suis les!

⚠️ Les indices sont les résultats de la multiplication par 7.

As tu trouvé ? Super !

2- Je multiplie par 7

Je colorie selon le code couleur en résolvant les opérations.

Tu le reconnais ?
Il s'agit d'un D _ _ _ _ _ _ _ _ _

56	42	28	14	63

49	35	21

2- Je multiplie par 7

Accompagné de notre ami le dinosaure, je trouve la bonne réponse.

7 X 0	42
7 X 5	14
7 X 6	70
7 X 7	56
7 X 3	21
7 X 4	49
7 X 9	28
7 X 10	0
7 X 8	35
7 X 1	7
7 X 2	63

2 - Je multiplie par 7

Accompagné de Teddy le dinosaure, je fais correspondre le nombre à la bonne opération.

0	7 X 9
35	7 X 5
42	7 X 4
49	7 X 2
21	7 X 8
28	7 X 0
63	7 X 7
70	7 X 6
56	7 X 1
7	7 X 10
14	7 X 3

2- Je multiplie par 7

Mots mêlés : je retrouve les nombres dans le tableau sans tenir compte du tiret entre certains nombres.

```
N H Q C Y R L Y S R T D T Q E
V V X F B Y K M G A O S R R M
B S O I X B Q Q W U W O E L L
K R I Z S F X H F B C Q N S S
P M S O S E J Y E G U R T I O
V R N E R Z T M H A S Y E F I
I X P T V T Z N R U D D C W X
N T V X D E E A A J M B I J A
G P Q I R C N T B U W X N I N
T E O O N T V E N E Q C Q D T
H W J C E G F Z Z A Z N W W E
U R B D I J T Q J M X X I H D
I Z E W K D Q E U D K I M C I
T U W T N A P Z T A E W O V X
X Q F D Q K X A M U T P A S Z
B F Z Q B P H Q F N N O H K U
J A C B L M M E K Z V Z R T W
M U L W O Y S J K M D G S Z Z
A E Q U A R A N T E N E U F E
I M J X E T H T R I N V O F H
```

ZERO
QUARANTE-NEUF
SOIXANTE-TROIS
SEPT
TRENTE-CINQ
VINGT ET UN
SOIXANTE-DIX
QUATORZE
QUARANTE-DEUX
VINGT-HUIT
CINQUANTE-SIX

2- Je multiplie par 7

Mots mêlés: je résous les opérations et je retrouve les résultats dans le tableau. Ne pas tenir compte du tiret entre certains nombres.

F	V	R	C	Z	U	A	E	M	X	L	S	Q	Q	M
I	Y	X	K	J	Y	Z	I	J	J	K	O	U	E	Q
P	A	Z	X	A	R	O	N	S	Z	N	I	A	A	Y
C	U	G	E	O	F	H	X	U	L	X	X	R	O	S
Q	F	P	T	N	X	G	E	M	C	K	A	A	J	O
Y	F	A	R	J	K	G	S	L	Z	V	N	N	F	S
V	U	A	W	E	H	O	J	O	Q	Q	T	T	U	O
Q	V	I	N	G	T	E	T	U	N	O	E	E	E	I
T	X	C	S	H	U	R	S	X	U	S	D	D	N	F
R	I	T	I	Z	E	V	O	F	Z	C	I	E	E	T
X	N	U	I	N	U	Q	S	C	A	U	X	U	T	V
U	Y	U	H	H	Q	E	U	A	I	X	G	X	N	E
D	C	R	G	T	P	U	K	W	Y	V	N	E	A	J
A	Q	A	H	T	G	N	A	C	E	H	D	A	R	F
V	S	W	A	N	G	N	D	N	W	G	V	U	A	S
S	Z	E	R	O	G	H	I	F	T	Z	P	G	U	A
Y	I	B	M	E	B	X	G	V	D	E	B	I	Q	A
Z	N	H	F	P	J	C	N	L	D	T	S	X	L	I
Q	S	O	I	X	A	N	T	E	T	R	O	I	S	H
M	F	V	Q	N	I	C	E	T	N	E	R	T	X	D

7x8 = ---   7x6= ---   7x7= ---
7x2= ---   7x1= ---   7x10= ---
7x9= ---   7x5= ---   7x3= ---
7x4= ---   7x0= ---

3- Je multiplie par 8

Je colorie selon le code couleur en résolvant les opérations.

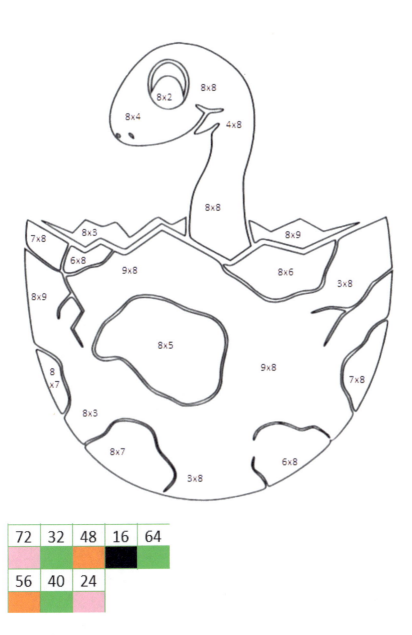

3- Je multiplie par 8

Je colorie selon le code couleur en résolvant les opérations.

72	32	48	16	64
56	40	24	8	80

3- Je multiplie par 8

Aide Teddy le dinosaure à retrouver sa soeur. Des indices sont parsemés sur le bon chemin. Suis les!

⚠️ Les indices sont les résultats de la multiplication par 8.

3 - Je multiplie par 8

Mots croisés: je résous les opérations et j'écris les résultats en lettres.

 Ne pas écrire le tiret des nombres en lettre dans le tableau.

HORIZONTAL
1. 8 x 1
2. 8 x 9
3. 8 x 0

VERTICAL
1. 8 x 7
2. 8 x 2
3. 8 x 3
4. 8 x 6
5. 8 x 4
6. 8 x 5
7. 8 x 10

3 - Je multiplie par 8

Trouve la sortie. Des indices sont parsemés sur le bon chemin.

 Les indices sont les résultats de la multiplication par 8.

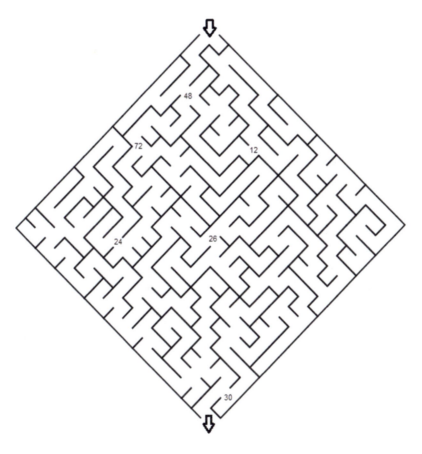

As tu trouvé ? Super !

3 - Je multiplie par 8

Aide Teddy le dinosaure à retrouver son arbre.. Des indices sont parsemés sur le bon chemin. Suis les!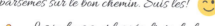

⚠️ Les indices sont les résultats de la multiplication par 8.

3 - Je multiplie par 8

Je trouve la bonne réponse, puis je colorie les dinosaures en suivant les couleurs proposées (couleurs des traits).

8 X 0	40
8 X 5	64
8 X 6	24
8 X 7	0
8 X 3	48
8 X 4	72
8 X 9	80
8 X 10	8
8 X 8	56
8 X 1	16
8 X 2	32

3 - Je multiplie par 8

Je fais correspondre le nombre à la bonne opération

0	8 X 8
40	8 X 2
48	8 X 0
56	8 X 5
24	8 X 10
32	8 X 3
72	8 X 9
80	8 X 4
64	8 X 6
8	8 X 7
16	8 X 1

3 - Je multiplie par 8

Mots mêlés : je retrouve les nombres dans le tableau sans tenir compte du tiret entre certains nombres.

X	P	R	R	U	M	R	H	E	J	W	Y	R	S	E	K
W	D	O	K	N	E	O	V	M	Q	C	V	J	C	N	W
Q	V	G	X	K	L	Y	H	H	E	U	D	V	K	Y	R
C	S	E	G	C	F	N	Y	T	S	C	S	I	X	V	S
R	O	H	Z	D	S	R	R	G	B	I	W	N	B	D	T
N	I	K	Z	I	R	U	Q	E	Y	N	P	G	U	C	G
T	X	S	Y	D	E	K	U	V	P	Q	M	T	Z	V	N
K	A	O	Y	A	Y	S	A	E	M	U	V	Q	B	O	I
L	N	I	O	A	L	M	R	I	V	A	Q	U	H	O	V
N	T	X	X	P	E	K	A	W	V	N	C	A	J	U	E
O	E	A	M	H	T	Z	N	H	Z	T	V	T	J	P	R
U	Q	N	Z	X	N	Y	T	D	E	E	Z	R	E	S	T
E	U	T	D	J	A	K	E	R	R	S	H	E	L	L	A
A	A	E	V	N	R	F	H	Y	O	I	I	U	S	P	U
N	T	D	Y	H	A	V	U	D	Q	X	U	S	I	E	Q
Z	R	O	G	C	U	D	I	X	A	G	G	R	Q	T	U
R	E	U	J	M	Q	Q	T	U	X	R	G	X	E	R	Y
B	E	Z	I	A	R	T	C	X	P	L	D	A	C	G	H
O	S	E	D	U	W	S	N	V	A	Y	S	J	M	C	Y
Z	L	U	F	G	K	T	R	E	N	T	E	D	E	U	X

CINQUANTE-SIX
HUIT
QUARANTE
QUARANTE-HUIT
QUATRE-VINGTS
SEIZE

SOIXANTE-DOUZE
SOIXANTE-QUATRE
TRENTE-DEUX
VINGT-QUATRE
ZERO

3- Je multiplie par 8

Je trouve la bonne réponse

8 X 0	QUARANTE-HUIT
8 X 5	QUATRE-VINGTS
8 X 6	TRENTE-DEUX
8 X 7	HUIT
8 X 3	CINQUANTE-SIX
8 X 4	QUARANTE
8 X 9	VINGT-QUATRE
8 X 10	SOIXANTE-DOUZE
8 X 8	SOIXANTE-QUATRE
8 X 1	ZERO
8 X 2	SEIZE

3- Je multiplie par 8

Mots mêlés : je résous les opérations et je retrouve les résultats dans le tableau. Ne pas tenir compte du tiret entre certains nombres.

Y	E	P	T	I	L	F	U	K	O	W	H	N	X	V
P	B	D	P	U	A	C	L	V	G	W	X	Q	R	F
U	Q	U	A	T	R	E	V	I	N	G	T	S	A	I
E	X	Q	F	H	F	T	X	V	D	A	B	Z	O	Y
R	Q	U	A	R	A	N	T	E	F	H	E	X	K	Q
T	W	D	E	U	V	W	C	N	I	R	S	I	V	U
A	F	E	E	D	U	P	A	O	O	L	W	Y	Y	A
U	Z	Z	C	R	E	Z	V	A	R	D	C	Q	K	R
Q	W	U	U	I	T	T	H	N	Z	V	F	A	U	A
E	M	O	Q	F	N	A	N	T	W	A	M	H	N	N
T	K	D	O	O	D	Q	U	E	T	T	P	N	V	T
N	S	E	I	Z	E	W	U	Q	R	O	I	A	A	E
A	Y	T	Y	F	F	V	L	A	T	T	W	U	N	H
X	V	N	X	N	N	M	D	B	N	G	F	Q	H	U
I	Y	A	O	V	S	J	E	W	Z	T	N	P	G	I
O	T	X	G	X	Z	I	D	D	N	W	E	I	U	T
S	A	I	X	T	F	O	F	N	W	R	R	S	V	C
K	I	O	K	U	H	H	V	S	R	P	P	R	I	S
T	X	S	I	A	V	L	K	E	R	G	Z	Z	N	X
R	N	U	O	R	B	P	M	Q	Z	Z	D	E	M	W

8x2= ---   8x1= ---   8x8= ---
8x0= ---   8x5= ---
8x6= ---   8x7= ---
8x3= ---   8x4= ---
8x9= ---   8x10= ---

4- Je multiplie par 9

Je colorie selon le code couleur en résolvant les opérations.

4- Je multiplie par 9

Je colorie selon le code couleur en résolvant les opérations.

36	72	81	54	27
18	63	45	9	90

4 - Je multiplie par 9

Mots croisés : je résous les opérations et j'écris les résultats en lettres.

⚠️ Ne pas écrire le tiret des nombres en lettre dans le tableau.

HORIZONTAL
1. 9 x 2
2. 9 x 3
3. 9 x 5
4. 9 x 1
5. 9 x 0

VERTICAL
1. 9 x 4
2. 9 x 10
3. 9 x 9
4. 9 x 7
5. 9 x 8

4- Je multiplie par 9

Mots croisés : je complète l'opération avec le bon nombre et je l'écris en lettre.

HORIZONTAL
1. 9 x --- = 9
2. 9 x --- = 63
3. 9 x --- = 27
4. 9 x --- = 90
5. 9 x --- = 81

VERTICAL
1. 9 x --- = 72
2. 9 x --- = 0
3. 9 x --- = 54
4. 9 x --- = 18

4 - Je multiplie par 9

Tom s'est déguisé en dinosaure, aide le a se rapprocher du bébé dinosaure et sa maman. Des indices sont parsemés sur le bon chemin.

 Les indices sont les résultats de la multiplication par 9.

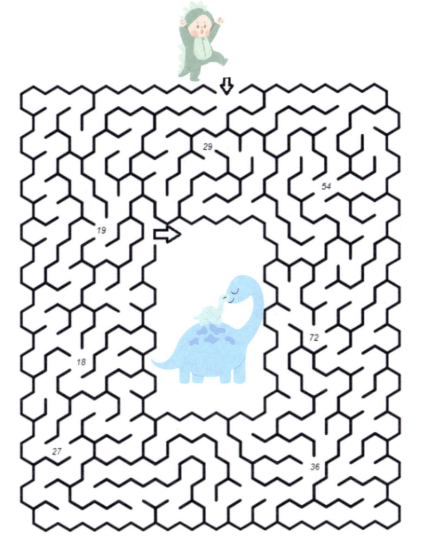

4 - Je multiplie par 9

Trouve la sortie. Des indices sont parsemés sur le bon chemin.

 Les indices sont les résultats de la multiplication par 9.

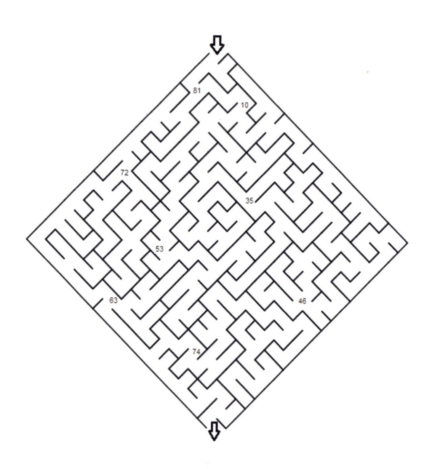

As tu trouvé ? Super !

4 - Je multiplie par 9

Je trouve la bonne réponse

9 X 0	81
9 X 5	54
9 X 6	0
9 X 7	45
9 X 3	63
9 X 4	36
9 X 9	27
9 X 10	90
9 X 8	18
9 X 1	9
9 X 2	72

4- Je multiplie par 9

Aide Eden l'apprentie archéologue à retrouver le fossile du dinosaure. Des indices sont parsemés sur le bon chemin.

 Les indices sont les résultats de la multiplication par 9.

4 - Je multiplie par 9

Je fais correspondre le bon nombre pour compléter l'opération, puis je colorie le point d'interrogation.

9 X -- = 0   6

9 X -- = 45   10

9 X -- = 54   2

9 X -- = 63   9

9 X -- = 27   8

9 X -- = 36   4

9 X -- = 81   3

9 X -- = 90   0

9 X -- = 72   7

9 X -- = 9   1

9 X -- = 18   5

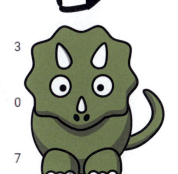

4 - Je multiplie par 9

Je fais correspondre le nombre à la bonne opération, puis je colorie Paul en pleine reflexion.

0	9 X 4
45	9 X 5
54	9 X 10
63	9 X 7
27	9 X 9
36	9 X 8
81	9 X 2
90	9 X 3
72	9 X 1
9	9 X 6
18	9 X 0

4- Je multiplie par 9

Mots mêlés : je retrouve les nombres dans le tableau sans tenir compte du tiret de certains nombres.

```
E R T A U Q E T N A U Q N I C
T X V O L T P E S T G N I V A
P B B Q K O A A S B M Z M L F
I P T Z Q J O K B Z F X P T R
N Q N E Y G R E S H X U E P Q
S H U R L A I V I X P Z L B U
Z Q J O W F T K I L U K S P A
F R U B Z I Z S O O W I I Z R
V L Z A U C E R D M O D S J A
F H R H T T W E W R V C I A N
G R X N N R T M T R B V V O T
I I N E P N E E L X M L G P E
D L R N A O T V X T J S I G C
G T E X H N Z S I H F C K J I
M P I R A W G N J N J J N C N
Y O G X N E Q F I H G T F H Q
S K I X E N M G M J S T M R A
L O T G U B J T X N Y C D W G
S Z D S F S G F E T R O Y I T
N U T G N I V E R T A U Q Q X
```

ZERO
CINQUANTE-QUATRE
VINGT-SEPT
QUATRE-VINGT- UN
SOIXANTE-DOUZE
DIX-HUIT

QUARANTE-CINQ
SOIXANTE-TROIS
TRENTE-SIX
QUATRE-VINGT-DIX
NEUF

4- Je multiplie par 9

Mots mêlés : je résous les opérations et je retrouve les résultats dans le tableau. Ne pas tenir compte du tiret entre certains nombres.

```
U N L F G L T A Y Z E R O Q P
N D L V H L P M H J G Y H U Y
P V U X A I E P N E U F X A D
Y J N M P T S S Q B Z U D T U
K J X V K R T Y M Y J T E R N
V J J D O O G W N R O Z T E A
T F G O C O N M X K U I E V H
Q U V P N M I C K O U K L I F
X U T Q R D V O D H G L R N C
U M A R Q X I E X J J B X G Z
G D Y R E H T I J X V W E T X
U X O W A N D U G L X S Y D N
A S L Q A N T R J C F S Z I K
S O I X A N T E T R O I S X Y
P F I X A C M E S P X K T Z J
O O W A R Q K F C I B J Q U W
S O W I G G H H L I X F A U H
C E K B T M Q P O C N T O Q J
E R T A U Q E T N A U Q N I C
Q T N U T G N I V E R T A U Q
```

9x5= ---   9x9= ---   9x10= ---
9x3= ---   9x0= ---   9x6= ---
9x8= ---   9x2= ---   9x7= ---
9x1= ---   9x4= ---

5 - Je multiplie par 6, 7, 8 et 9

Je colorie selon le code couleur en résolvant les opérations.

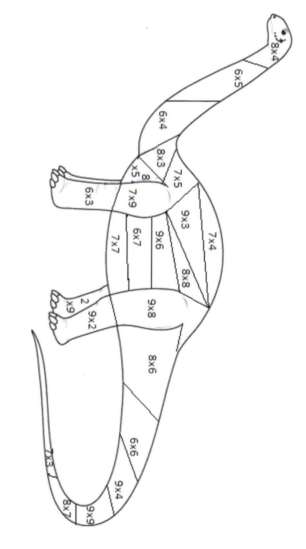

5 - Je multiplie par 6, 7, 8 et 9

Mots croisés : je résous les opérations et j'écris le résultat en lettre.

 Ne pas écrire le tiret des nombres en lettre dans le tableau.

HORIZONTAL
1. 7x2
2. 7x8
3. 6x6
4. 7x9
5. 6x2
6. 8x3
7. 7x7
8. 7x5

VERTICAL
1. 9x9
2. 6x5
3. 8x8
4. 8x2
5. 9x2

5- Je multiplie par 6, 7, 8 et 9

Teddy, le dinosaure doit réviser ses tables de multiplication avec son copain. Aide-le à le retrouver. Des indices sont parsemés sur le bon chemin, suis les !

⚠️ Les indices sont les résultats de la multiplication par 6, 7, 8 et 9.

5 - Je multiplie par 6, 7, 8 et 9

Je trouve la bonne réponse, puis je colorie le dinosaure.

6X10	35
6X2	14
8X3	18
7X2	80
7X10	16
7X3	60
9X3	27
8X2	28
7X4	30
6X5	32
8X10	12
8X4	24
6X3	70
7X5	21
6X4	24

5 - Je multiplie par 6, 7, 8 et 9

Je trouve la bonne réponse.

6X2	TRENTE-DEUX
9X2	TRENTE-CINQ
8X3	DIX-HUIT
7X2	VINGT-HUIT
7X3	VINGT-QUATRE
9X3	DOUZE
8X2	QUATORZE
7X4	VINGT ET UN
6X5	DIX-HUIT
8X4	VINGT-QUATRE
6X3	TRENTE
7X5	VINGT-SEPT
6X4	SEIZE

5 - Je multiplie par 6, 7, 8 et 9

Je trouve la bonne réponse.

6X6	QUARANTE-DEUX
9X4	SOIXANTE-QUATRE
9X5	QUARANTE-NEUF
7X7	QUARANTE-CINQ
7X8	SOIXANTE-DOUZE
7X9	CINQUANTE-QUATRE
8X5	TRENTE-SIX
6X9	TRENTE-SIX
8X8	SOIXANTE-TROIS
9X9	QUARANTE
8X6	CINQUANTE-SIX
6X7	QUARANTE-HUIT
8X9	QUATRE-VINGT- UN

5 - Je multiplie par 6, 7, 8 et 9

Je trouve la bonne réponse, puis je colorie le dinosaure.

6X6	36
9X4	81
9X5	45
7X7	56
7X8	63
7X9	18
8X5	36
6X9	48
8X8	49
9X9	42
8X6	40
6X7	90
9X10	72
8X9	64
9X2	54

5 - Je multiplie par 6, 7, 8 et 9

Je trouve la bonne réponse, puis je finis le dessin du dinosaure et je le colorie.

60	8X10
12	7X4
14	7X5
70	6X10
21	7X2
27	6X2
16	9X3
28	8X2
30	6X5
80	6X6
32	6X3
18	8X4
35	7X10
24	7X3
36	6X4

5 - Je multiplie par 6, 7, 8 et 9

Je trouve la bonne réponse, puis je colorie le dinosaure.

36	8X3
45	8X9
49	7X8
56	7X9
63	7X7
40	8X8
54	8X5
64	9X2
81	6X7
48	8X6
42	9X4
90	9X10
72	6X9
18	9X9
24	9X5

5 - Je multiplie par 6, 7, 8 et 9

Mots mêlés : je retrouve les nombres dans le tableau sans tenir compte du tiret de certains nombres.

L	Q	S	O	I	X	A	N	T	E	T	R	O	I	S
Y	Q	U	A	T	R	E	V	I	N	G	T	U	N	E
S	G	N	A	E	O	M	S	B	D	R	R	L	Z	T
R	S	Z	H	R	T	W	T	R	Y	W	Y	I	R	T
K	C	T	I	A	E	F	Q	U	J	E	E	K	B
T	G	I	I	A	S	N	N	L	T	S	N	J	O	W
S	R	Q	N	U	M	L	T	Y	E	T	O	R	F	V
O	Q	E	S	Q	H	B	C	E	E	Z	D	Z	I	V
I	U	Q	N	E	U	X	Z	C	N	Z	N	N	K	I
X	A	U	U	T	I	A	I	B	I	E	G	X	E	N
A	R	A	C	N	E	N	N	D	L	T	U	T	D	G
N	A	T	U	A	Q	S	O	T	S	W	N	F	T	T
T	N	O	Q	U	B	W	I	E	E	E	I	Y	P	H
E	T	R	U	Q	C	B	P	X	R	S	I	J	Q	U
Q	E	Z	A	N	U	T	E	T	G	N	I	V	I	I
U	C	E	R	I	R	Q	X	L	V	A	G	X	E	T
A	I	X	A	C	T	R	E	N	T	E	D	E	U	X
T	N	P	N	A	A	V	E	A	T	U	G	P	Y	D
R	Q	T	T	E	R	T	A	U	Q	T	G	N	I	V
E	G	Q	E	J	K	R	T	D	O	U	Z	E	G	F

CINQUANTE-QUATRE QUATORZE   TRENTE-DEUX
CINQUANTE-SIX   QUATRE-VINGT- UN   TRENTE-SIX
DIX-HUIT   SEIZE   VINGT ET UN
DOUZE   SOIXANTE-QUATRE   VINGT-HUIT
QUARANTE   SOIXANTE-TROIS   VINGT-QUATRE
QUARANTE-CINQ   TRENTE   VINGT-SEPT
QUARANTE-NEUF   TRENTE-CINQ

5 - Je multiplie par 6, 7, 8 et 9

Je fais correspondre les opérations ayant le même résultat puis je les fais correspondre au bon résultat.

6 x 0 = - - - - - - - 8 x 0 = - - - - - - - 0

2 x 9 =   3 x 8 =   36

4 x 6 =   9 x 4 =   18

6 x 6 =   3 x 6 =   24

As tu trouvé ? Super !

Denis, Pauline et Adem jouent aux devinettes. Aide Pauline à choisir le vainqueur.

5- Je multiplie par 6, 7, 8 et 9

Mots mêlés: je résous les opérations et je retrouve les résultats dans le tableau. Ne pas tenir compte du tiret entre certains nombres.

T	R	E	N	T	E	P	C	J	F	X	W	Q	Q	L
R	Q	U	A	T	R	E	V	I	N	G	T	U	N	A
M	C	U	X	C	O	N	X	T	I	U	H	X	I	D
E	R	T	A	U	Q	E	T	N	A	U	Q	N	I	C
V	E	Q	C	C	E	L	U	R	M	X	E	V	S	S
I	X	R	A	I	N	Z	V	H	I	P	Q	Z	O	B
N	U	R	T	L	N	Y	R	S	S	N	X	I	K	T
G	E	F	I	A	R	Q	E	O	I	C	X	R	R	I
T	D	Z	U	D	U	T	U	C	T	A	B	E	L	U
S	E	V	R	E	N	Q	E	A	N	A	N	V	D	H
E	T	I	I	E	N	T	T	T	N	T	U	U	I	T
P	N	L	R	N	N	E	E	G	E	T	Y	Q	X	G
T	E	T	W	A	G	Q	T	C	N	E	E	L	H	N
A	R	H	R	D	U	T	I	N	O	I	H	S	U	I
G	T	A	O	A	H	N	E	S	A	X	V	L	I	V
X	U	U	T	Y	Q	H	A	T	T	R	C	E	T	X
Q	Z	R	F	N	H	F	H	Y	U	L	A	A	O	F
E	E	Z	I	E	S	N	B	K	D	N	Z	U	B	W
L	Y	R	P	E	T	N	A	R	A	U	Q	W	Q	T
D	F	C	V	I	N	G	T	Q	U	A	T	R	E	I

7x4= ---
6x2= ---   6x5= ---   7x7= ---   8x4= ---   9x5= ---
7x8= ---   8x3= ---   9x2= ---   5x8= ---   9x2= ---
7x5= ---   9x6= ---   7x3= ---   6x4= ---   7x2= ---
9x3= ---   9x4= ---   9x9= ---   8x2= ---   8x8= ---
                                              6x6= ---

5- Je multiplie par 6, 7, 8 et 9

Mots mêlés : je retrouve les nombres dans le tableau sans tenir compte du tiret de certains nombres.

C	I	N	Q	U	A	N	T	E	Q	U	A	T	R	E
X	D	I	X	H	U	I	T	E	K	C	C	T	R	R
C	I	N	Q	U	A	N	T	E	S	I	X	Q	K	V
T	I	F	H	U	U	V	X	C	V	S	U	V	I	X
R	T	A	W	T	B	O	C	I	E	A	I	N	T	M
E	L	R	N	H	E	O	N	I	R	N	G	J	W	E
N	F	P	B	X	I	G	Z	A	G	T	Y	Y	L	T
T	K	Q	L	S	T	E	N	T	S	Q	T	X	R	S
E	E	W	O	H	Z	T	Q	E	U	Y	U	E	O	Q
C	D	O	U	Z	E	U	P	A	C	E	N	I	Q	U
I	G	I	D	C	A	T	R	V	D	T	X	J	J	A
N	T	S	I	T	V	A	A	E	E	A	D	K	T	R
Q	Y	N	R	H	N	I	T	N	N	K	K	R	H	A
L	Q	E	G	T	H	N	N	T	Q	V	E	X	H	N
A	C	W	E	Z	E	S	E	G	O	N	M	K	U	T
O	F	D	A	R	Y	T	L	G	T	D	Z	M	O	E
Q	U	A	T	O	R	Z	E	E	W	E	I	V	B	N
Y	H	X	M	O	P	C	S	R	M	K	T	B	O	E
R	M	K	I	X	Z	I	R	P	J	F	F	U	Q	U
N	I	S	V	A	X	F	V	W	T	E	U	W	N	F

CINQUANTE-QUATRE   QUATORZE   VINGT ET UN
CINQUANTE-SIX   SEIZE   VINGT-HUIT
DIX-HUIT   SOIXANTE-TROIS   VINGT-QUATRE
DOUZE   TRENTE   VINGT-SEPT
QUARANTE   TRENTE-CINQ
QUARANTE-CINQ   TRENTE-DEUX
QUARANTE-NEUF   TRENTE-SIX

5- Je multiplie par 6, 7, 8 et 9

Mots mêlés: je résous les opérations et je retrouve les résultats dans le tableau. Ne pas tenir compte du tiret entre certains nombres.

C	I	N	Q	U	A	N	T	E	Q	U	A	T	R	E
X	D	I	X	H	U	I	T	E	K	C	C	T	R	R
C	I	N	Q	U	A	N	T	E	S	I	X	Q	K	V
T	I	F	H	U	U	V	X	C	V	S	U	V	I	X
R	T	A	W	T	B	O	C	I	E	A	I	N	T	M
E	L	R	N	H	E	O	N	I	R	N	G	J	W	E
N	F	P	B	X	I	G	Z	A	G	T	Y	Y	L	T
T	K	Q	L	S	T	E	N	T	S	Q	T	X	R	S
E	E	W	O	H	Z	T	Q	E	U	Y	U	E	O	Q
C	D	O	U	Z	E	U	P	A	C	E	N	I	Q	U
I	G	I	D	C	A	T	R	V	D	T	X	J	J	A
N	T	S	I	T	V	A	A	E	E	A	D	K	T	R
Q	Y	N	R	H	N	I	T	N	N	K	K	R	H	A
L	Q	E	G	T	H	N	N	T	Q	V	E	X	H	N
A	C	W	E	Z	E	S	E	G	O	N	M	K	U	T
O	F	D	A	R	Y	T	L	G	T	D	Z	M	O	E
Q	U	A	T	O	R	Z	E	E	W	E	I	V	B	N
Y	H	X	M	O	P	C	S	R	M	K	T	B	O	E
R	M	K	I	X	Z	I	R	P	J	F	F	U	Q	U
N	I	S	V	A	X	F	V	W	T	E	U	W	N	F

```
9x5= ---        7x7= ---        6x6= ---
8x7= ---        8x2= ---        7x4= ---
6x9= ---        7x2= ---        7x3= ---
6x3= ---        7x9= ---        6x4= ---
7x2= ---        6x5= ---        9x3= ---
8x5= ---        7x5= ---        8x4= ---
```

6 - Révision : table de 2 à 9

Mots croisés : je résous les opérations et j'écris le résultat en lettre.

 Ne pas écrire le tiret des nombres en lettre dans le tableau.

HORIZONTAL
1. 7x9
2. 3x6
3. 7x7
4. 8x2

VERTICAL
1. 6x2
2. 8x8
3. 8x7
4. 3x8
5. 6x6

6 - Révision : table de 2 à 9

Mots croisés : je résous les opérations et j'écris le résultat en lettre.

 Ne pas écrire le tiret des nombres en lettre dans le tableau.

HORIZONTAL
1. 3x9
2. 5x7
3. 4x2
4. 3x3
5. 8x7
6. 3x8
7. 5x2
8. 7x9
9. 3x2
10. 3x7
11. 4x8
12. 4x5
13. 6x2

VERTICAL
1. 8x8
2. 6x6
3. 2x2
4. 3x5
5. 8x6
6. 4x4
7. 2x9
8. 5x6

6 - Révision : table de 2 à 9

Je fais correspondre le nombre à la bonne opération, puis je dessine un dinausore sur le tableau du garçon.

36	6X2
24	7X7
18	3X6
16	7X9
12	8X7
49	3X8
56	8X8
63	8X6
54	9X9
64	6X6
81	8X2
48	9X6

6 - Révision : table de 2 à 9

Je résous l'opération puis je trouve le résultat en lettre.

6X6= 36   SEIZE

3X8= ---   VINGT-QUATRE

3X6= ---   SOIXANTE-QUATRE

8X2= ---   CINQUANTE-SIX

6X2= ---   SOIXANTE-TROIS

7X7= ---   QUARANTE-HUIT

8X7= ---   DOUZE

7X9= ---   QUARANTE-NEUF

9X6= ---   DIX-HUIT

8X8= ---   CINQUANTE-QUATRE

9X9= ---   TRENTE-SIX

8X6= ---   QUATRE-VINGT- UN

6 - Révision : table de 2 à 9

Mots croisés : je résous les opérations et j'écris le résultat en lettre.

 Ne pas écrire le tiret des nombres en lettre dans le tableau.

HORIZONTAL
1. 7x7
2. 8x2
3. 3x6
4. 7x9

VERTICAL
1. 3x8
2. 8x7
3. 8x8
4. 6x2
5. 6x6

6 - Révision : table de 2 à 9

Mots croisés : je résous les opérations et j'écris le résultat en lettre.

 Ne pas écrire le tiret des nombres en lettre dans le tableau.

HORIZONTAL
1. 5x2
2. 2x2
3. 9x9
4. 3x2

VERTICAL
1. 4x3
2. 8x9
3. 6x7
4. 8x6
5. 4x2
6. 3x3

6 - Révision : table de 2 à 9

Je fais correspondre le nombre à la bonne opération.

42	4X2
72	4X4
4	5X2
6	3X5
8	3X2
9	4X3
10	8X9
12	3X3
14	2X9
15	7X2
16	6X7
18	2X2

6 - Révision : table de 2 à 9

Je résous l'opération puis je trouve le résultat en lettre.

6X7= 42   QUATRE

8X9= ---   QUARANTE-DEUX

2X2= ---   DOUZE

3X2= ---   QUINZE

4X2= ---   SOIXANTE-DOUZE

3X3= ---   DIX

5X2= ---   HUIT

4X3= ---   SEIZE

7X2= ---   DIX-HUIT

3X5= ---   NEUF

4X4= ---   QUATORZE

2X9= ---   SIX

6 - Révision : table de 2 à 9

Mots croisés : je résous les opérations et j'écris le résultat en lettre.

 Ne pas écrire le tiret des nombres en lettre dans le tableau.

HORIZONTAL
1. 7x9= —
2. 8x2= —
3. 9x6= —
4. 8x7= —
5. 3x8= —

VERTICAL
1. 3x6= —
2. 6x2= —
3. 9x9= —
4. 8x8= —
5. 6x6= —
6. 7x7= —

6 - Révision : table de 2 à 9

Mots croisés : je résous les opérations et j'écris le résultat en lettre.

 Ne pas écrire le tiret des nombres en lettre dans le tableau.

HORIZONTAL
1. 2x9= —
2. 4x3= —
3. 3x2= —
4. 6x7= —
5. 7x2= —
6. 5x2= —
7. 4x2= —
8. 3x5= —

VERTICAL
1. 4x4= —
2. 2x2= —
3. 8x9= —
4. 3x3= —

6 - Révision : table de 2 à 9

Je fais correspondre le nombre à la bonne opération.

20	4X7
21	4X5
25	4X6
24	5X8
27	3X9
28	4X8
30	5X7
32	5X5
35	5X6
36	4X9
40	9X5
45	3X7

6 - Révision : table de 2 à 9

Mots croisés : je résous les opérations et j'écris le résultat en lettre.

 Ne pas écrire le tiret des nombres en lettre dans le tableau.

HORIZONTAL
1. 4x8= —
2. 5x7= —
3. 4x5= —
4. 4x6= —
5. 5x5= —
6. 4x7= —

VERTICAL
1. 5x8= —
2. 9x5= —
3. 3x7= —
4. 3x9= —
5. 5x6= —
6. 4x9= —

6 - Révision : table de 2 à 9

Je résous l'opération puis je trouve le résultat en lettre.

4X5= 20　　　　　　　　　　TRENTE

3X7= —　　　　　　　　　　VINGT ET UN

5X5= —　　　　　　　　　　TRENTE-DEUX

4X6= —　　　　　　　　　　TRENTE-SIX

3X9= —　　　　　　　　　　VINGT-CINQ

4X7= —　　　　　　　　　　QUARANTE

5X6= —　　　　　　　　　　VINGT-HUIT

4X8= —　　　　　　　　　　QUARANTE-CINQ

5X7= —　　　　　　　　　　VINGT-QUATRE

4X9= —　　　　　　　　　　TRENTE-CINQ

5X8= —　　　　　　　　　　VINGT

9X5= —　　　　　　　　　　VINGT-SEPT

6 - Révision : table de 2 à 9

Mots mêlés: je résous les opérations et je retrouve les résultats dans le tableau. Ne pas tenir compte du tiret entre certains nombres.

```
D W X G P Q U A R A N T E N E U F T Q U
S O I X A N T E D O U Z E O C Q G U F N
T R E N T E S I X K C P O K U N A C Q T
C T U R G C F S Q U N T Q A I T Z U P B
I R Q U I N Z E E U R U R V R L A E H V
N E N H R H D U S E A A X E G T S D V J
Q N R F U C N E N R N R V J O T I I V J
U T F I U E I T A T P I A R G X N B Q Q
A E T Z U Z E N E M N K Z N H G P S U I
N D X F E C T D Q G O E I U T S I A L V
T E S J I E E W T U F V I C N E R G I R
E U G N L U S U Q E A T I U G A C N X H
Q X Q A X D N M T O F N T S N H G I W H
U D O U Z E O I D K Q E T T E T F Q N U
A A O K D P U U Z A T D E E H I U M E Q
T P R J S H L E Z G H H I U S A Z D I X
R S B V X V R I N E U G I I T I L E F T
E B I I R G E I G I C T P R Y P X T S Z
C S D X W T V X T S Z Y E C G A G X Y X
T R E N T E N V I N G T Q U A T R E V V
```

6x9= ---   8x6= ---   4x8= ---   7x8= ---   7x7= ---   9x4= ---   5x2= ---   7x2= ---   6x6= ---
9x2= ---   2x2= ---   5x4= ---   3x6= ---   9x9= ---   3x7= ---   4x3= ---   3x5= ---   5x5= ---
2x6= ---   4x4= ---   4x7= ---   2x4= ---   8x2= ---   4x6= ---   3x3= ---   2x3= ---   8x3= ---
5x8= ---   8x9= ---   3x9= ---   5x9= ---   6x5= ---   7x6= ---   5x7= ---

7- Solutions

7- Solutions

Je multiplie par 6

Trouve la bonne réponse 1

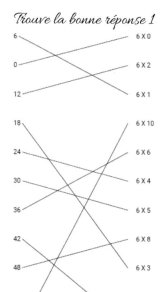

Trouve la bonne réponse 2

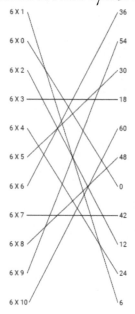

Mots Mélés

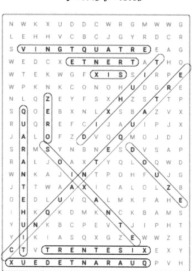

Mots Mélés Opérations

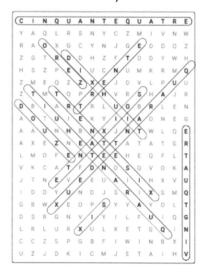

7- Solutions

Je multiplie par 7

Coloriage magique

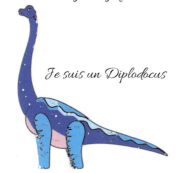

Je suis un Diplodocus

Coloriage magique

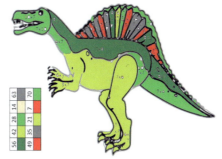

Je suis un Spinosaure

Labyrinthe 1

Labyrinthe 2

Mots croisés

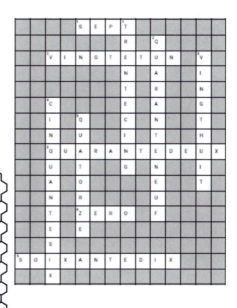

7- Solutions

Je multiplie par 7

Trouve la bonne réponse

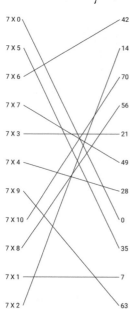

Trouve la bonne réponse

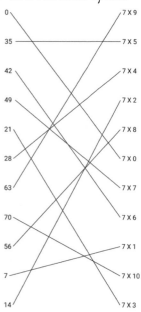

Mots Mêlés

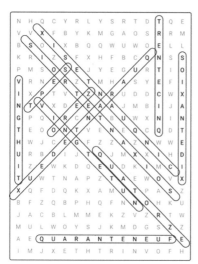

Mots Mêlés Opération

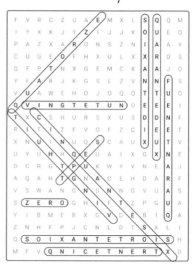

7- Solutions

Je multiplie par 8

Coloriage magique

Coloriage magique

Labyrinthe 1

Labyrinthe 2
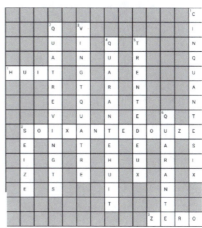

Mots croisés

										¹C
										I
		²Q		³V						N
		U		I		⁴Q		⁵T		Q
		A		N		U		R		U
H	U	I	T		G	A	E			A
		R		T		R		N		A
		E		Q		A		T		N
				V		U	N	E		⁶Q	T
²S	O	I	X	A	N	T	E	D	O	U	Z	E
	E		N		T		E		E		A	S
	I		G		R		H		U		R	I
	Z		T		E		U		X		A	X
	E		S				I				N	
							T				T	
									⁷Z	E	R	O

7- Solutions

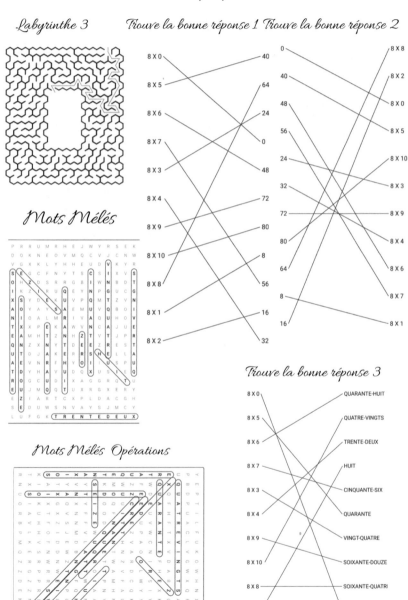

7- Solutions

Je multiplie par 9

Coloriage magique

Coloriage magique

Labyrinthe 1
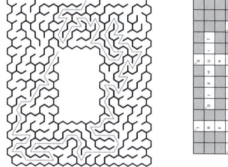

Mots croisés
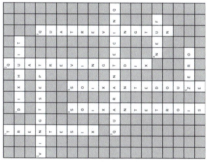

Labyrinthe 2

Mots croisés opérations

7- Solutions

Je multiplie par 9

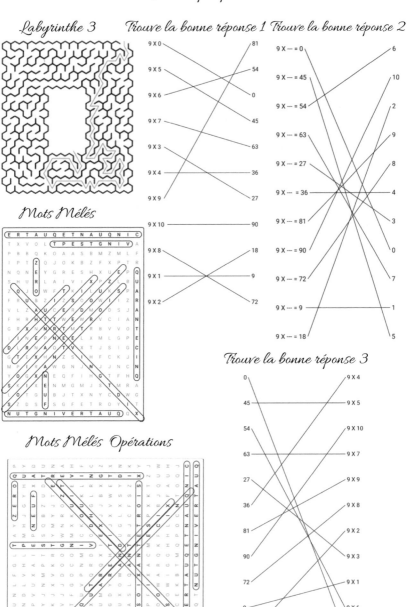

7- Solutions

Je multiplie par 6, 7, 8, 9

Coloriage magique

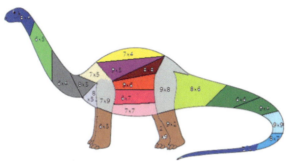

Labyrinthe

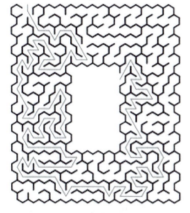

Trouve la bonne réponse 1

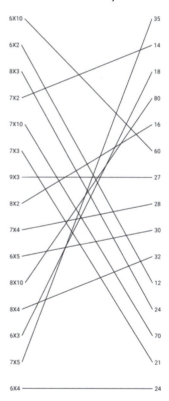

Mots croisés

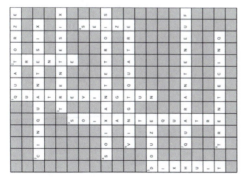

7- Solutions

Je multiplie par 6, 7, 8, 9

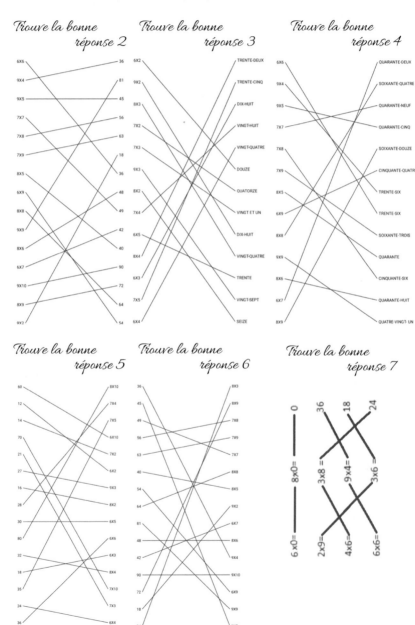

7- Solutions

Je multiplie par 6, 7, 8, 9

Mots Mêlés 1

Mots Mêlés Opérations 1

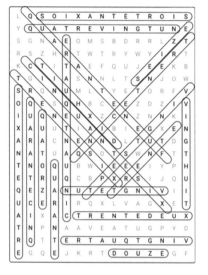

Mots Mêlés 2

Mots Mêlés Opérations 2

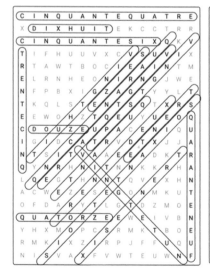
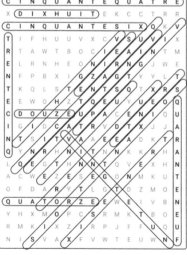

7- Solutions

Révision table 2 à 9.

Mots croisés 1
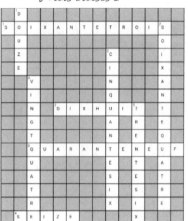

Mots croisés 2
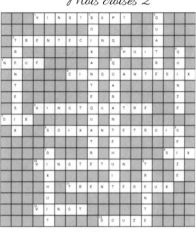

Mots croisés 3
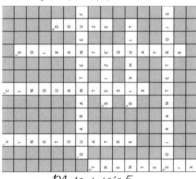

Mots croisés 4
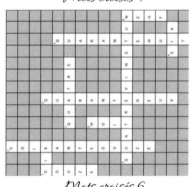

Mots croisés 5
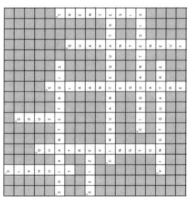

Mots croisés 6
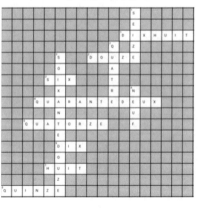

7- Solutions

Révision table 2 à 9.
Mots croisés 7

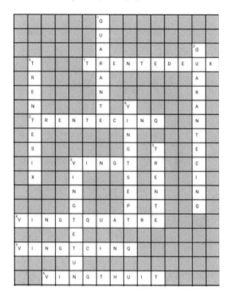

Trouve la bonne réponse 1

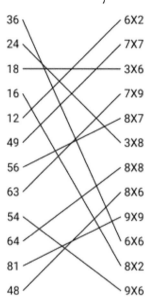

Trouve la bonne réponse 2

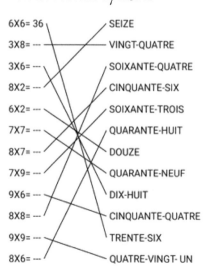

Trouve la bonne réponse 3

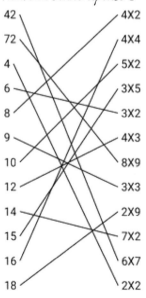

7- Solutions

Révision table 2 à 9.

Trouve la bonne réponse 4

Trouve la bonne réponse 5

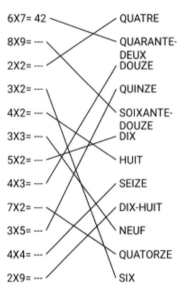

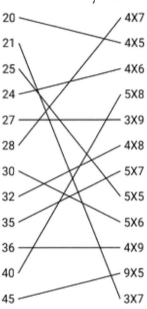

Trouve la bonne réponse 6

Mots Mélés Opérations

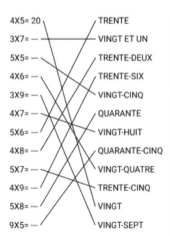

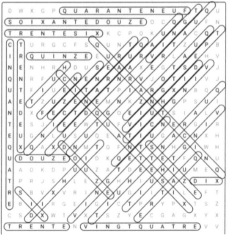

Dans la même collection

Printed in France by Amazon
Brétigny-sur-Orge, FR